《群読》実践シリーズ

学級活動・行事を彩る群読

CD付き

日本群読教育の会＝企画
重水健介＝編

高文研

◆――はじめに

群読はまだ新しい文化である。「大勢で唱えれば、その願いごとはかなうだろう」からはじまった表現文化である。

群読は、大勢で読むのだが、文意にあわせて分担して読む。そこに特徴がある。今日、いろいろな場で、この表現が採用されている。読む楽しさが倍増すると同時に、訴求力が強まるからだ。

わたしたちは、この群読を教育現場にとりいれることで、子どもたちの表現力を育てようと考え、その研究団体として日本群読教育の会を組織した。

その研究・実践のなかで、「みんなで声を出す群読文化」は子どもの発達、とりわけ脳を活性化し、また、協力して表現することで、音読する喜びや楽しさを育て、表現力を磨き、その社会性を育てることも実証されてきた。

これまで、日本群読教育の会では、会員の日々の実践をまとめた『いつでもどこでも群読』『続・いつでもどこでも群読』（ともに高文研刊）を刊行し、群読教育の普及をはかってきた。

幸いにも好評を得ている。

今回さらに、群読教材の領域ごとに、その実践活動を深めるために、各論ごとの《群読》実践シリーズを企画して、刊行することになった。極力ハンディな仕様にして、なるべくCDをつけて普及することにした。全十数巻を予定し、できたものから順次刊行をしていく予定である。

本書はそのシリーズの二冊目である。学校や地域における楽しい群読実践を紹介した。

本シリーズが、さらに群読教育の研究・実践を深めていくことを期待している。


日本群読教育の会創設者・前会長　家本　芳郎

●――もくじ

はじめに　1

編集にあたって　6

▨凡　例――本書に使用されている群読の記号・用語解説　8

第1章　学級活動における群読

＊学級びらき
出会いを演出する群読……岩手県一関市立南小学校教諭　澤野郁文　13

＊朝の会
楽しく元気よく、群読であいさつ……北海道伊達市立東小学校教諭　加藤恭子　17

＊学級会
群読の声が響き合う学級会……大分県日出町立大神小学校教諭　姫野賢一　21

＊学期まとめの会
二学期のまとめを群読で……高知県高知市立一宮東小学校教諭　松本順子　29

〈解説①〉学級活動で群読を取り上げる意義と取り組みの留意点
日本群読教育の会事務局長　重水健介　36

第2章　集会・行事の中の群読

＊群読大会
学級で群読大会を開催……神奈川県横須賀市立大塚台小学校教諭　長塚松美　43
＊学年集会
群読で唱歌「祭囃子」に挑戦……長崎県長崎市立小江原中学校教諭　重水祐子　51
＊中学校卒業式
卒業生の群読……神奈川県葉山町立南郷中学校教諭　山口　聡　58
＊地域の文化活動
公民館活動で群読の発表会……神奈川県横須賀市在住　海上和子　72
＊大会セレモニー
開会行事で『平家物語』に挑む……日本群読教育の会常任委員会　77
〈解説②〉集会・行事を盛り上げるさまざまな群読活動
日本群読教育の会事務局長　重水健介　86

装丁＝商業デザインセンター・松田　礼一
吹き出しカット＝鳴瀬　容子

◆——CD収録作品もくじ

タイトル	原作者／脚本編者	表現者・指導者	関連頁
①まいった　まいった	澤野郁文	児童・山下将典	一四頁
②すてきなじゅもん	加藤恭子	児童・加藤　恭子	一八頁
③学級会はじめ、終わりの群読	姫野賢一	児童・姫野賢一	二二頁
④二の一の二学期	松本順子	児童・松本順子	三一頁
⑤おしょうさんとこぞうさん	北原白秋／長塚松美	児童・長塚松美	四六頁
⑥唱歌「祭囃子」	伝統音楽／家本芳郎	教師・日本群読教育の会	五二頁
⑦卒業生の群読	卒業式群読委員会	生徒・山口聡	五九頁
⑧すっとびとびすけ	谷川俊太郎／家本芳郎	逸見群読の会・海上和子	七三頁
⑨倶利伽羅峠の合戦	平家物語／毛利豊	日本群読教育の会・家本芳郎	七八頁

CD・BGM＝澤野　郁文

◉——編集にあたって

群読はいつでもどこでもできる「声の文化活動」である。学校や地域生活の中でもいろいろな場面で活用されている。

本書では「学級活動」と「集会・行事」の二つの領域・分野で、群読がどのように取り入れられているかを紹介した。

第1章の「学級活動における群読」では、学級担任がどのように実践したか、その詳細を報告してもらった。学級びらき、朝の会、学級会、学期じまいの四つの場面を取り上げた。子どもたちが、みんなで声を出すことで、学級が活気づき、お互いが親しくなり、文化的な個性をもつ学級・学年・学校つくりにも役立つ。さらに、教師の指導力を向上させる。これらの報告から群読のそんな効果と、さまざまな活動への取り入れ方を参考にしていただけたらと思う。

第2章では、「集会や行事の中の群読」を取り上げた。群読は、大勢で声を出す活動である。一人よりも複数で呼びかける方が、訴求力が強く、一体感も高まる。集会や行事にふさわしい活動である。ここでは、学級群読大会・学年集会・卒業式を紹介した。また、地域に根づく文化活動として、神奈川県横須賀市の逸見群読の会の群読と日本群読教育の会の群読も紹介した。報告から、群読は、互いの親和感や連帯感を深め、健康増進にも役立つすぐれた文化活動であることを感じていただき、身近なところで、ぜひ、群読にチャレンジしていただきたいと思う。

各実践について、その概要と脚本を報告してもらった。また、第1章、第2章の実践報告のあとに、〈解説〉として、実践から学ぶべき点や参考になる点、群読を取り入れるときの留意点などを述べた。

さらに、報告にある群読をＣＤに収録した。実際の発表場面にいるような臨場感を味わっていただけると思う。一部は、本会会員によって再録音したものもある。

実践報告は、本会会員の方にお願いした。全国の学校や地域の第一線で子どものよさを伸ばす良心的な教育や、文化活動に精力的に取り組んでいる方々である。

本書を手にされ、群読実践の世界を広げるヒントにしていただけたら幸いである。

二〇〇六年七月

日本群読教育の会事務局長　重水　健介

◎凡　例――本書に使用されている群読の記号・用語解説

1　〈ソロ・アンサンブル・コーラス〉

ソロは一人で読む。ただし、「一人が読む」ではない。順番に一人ずつ読んでもいい。

アンサンブルはグループで読む。コーラスの六分の一くらい。

コーラスは大勢で読む。

2　「＋」〈漸増〉　前につけたしていく。

a	大きな	aが読む
＋b	大きな	aとbが読む
＋c	大きな	aとbとcが読む

3　「―」〈漸減〉　前の読み手より減らす。

abc	小さな	aとbとcが読む
―c	小さな	aとbが読む
―b	小さな	aだけで読む

4　〈追いかけ〉　追いかけて読む。

A ┌ふるふるふるふるゆきがふる
B │　ふるふるふるふるゆきがふる
C └　　ふるふるふるふるゆきがふる

右のような場合、Aが「ふるふる」と読むと、Bが「ふるふる」と追いかけ、Bが「ふるふる」と読むとCが「ふるふる」と読んでいく。ABCの声が次々に重なっていく。

5「§」〈乱れ読み〉声を合わせずにわざとバラバラに読む。

§全員　消防車　清掃車　散水車

右の場合、読み手の全員がわざと声をそろえずに読む。読みがバラバラになって乱れるので乱れ読みという。

6〈異文平行読み〉違う文をいっしょに読みすすめる。

A ┌これが……あれだ　あれが……それだ　どれが……なんだ
B ├あれが……それだ　どれが……なんだ　これが……あれだ
C └どれが……なんだ　これが……あれだ　あれが……それだ

ABCの三人がいっせいに同時に自分の文を読む。そう読むと、声が混じってなにを読んでいるのか分からないが、それでよい。雰囲気をつくる読み方。

7〈わたりの技法〉 文を句で区切って分読し、最後に全員でもう一度、その文を読む

A　雲から山へ
B　山から川へ
C　川から海へ　ふりそそぐ
ABC　雲から山へ山から川へ川から海へ　ふりそそぐ

8「（　」〈異文重層〉 異なる言葉を次々とかぶせて重ねていく読み方。「／」はそこで終了の意味

（1　ヒャラリーリ
（2　テレツクテン
（3　チャンチキチン／

表にすると次のようになる。

1	2	3
ヒャラリーリ		
ヒャラリーリ	テレツクテン	
ヒャラリーリ	テレツクテン	チャンチキチン

第1章

学級活動における群読

出会いを演出する群読

◉岩手県一関市立南小学校教諭
澤野　郁文

❁――〈実践の概要〉

学級びらきは、子どもたちの出会いを明るく前進的に演出するために非常に大切なイベントであるが、多忙化を極める昨今の学校現場では、なかなか時間を確保するのが難しくなってきている。したがって、ここでは群読がはじめての子どもたちでも、短い時間ですぐにできて、その後にも応用が利く群読を紹介する。

まず、子どもたちとの語らいの中で、めざしたい学級の姿を短い単語でまとめていった。「やる気」「なかよし」「協力」など。その後、〈脚本1〉を示して、ソロの部分の台詞を即興でつくっていった。その際、前述の「やる気」などの単語をちりばめながら、子どもとともにつくっていくようにした。

〈脚本1〉が完成したら、ソロの部分を読む子どもを選んだ。わたしは立候補を募ったが、ゲーム等できめてもよい。ソロは一人でもいいが、最初は台詞ごとに交代で発表する方が意欲を生かせてよいと思う。

後は、ぶっつけ本番だった（〈脚本２〉参照）。

「チャンピオンお願いします」の部分は、学級びらきのプログラムの中で別にゲームを設けておいて、そのときのチャンピオンに登場してもらった。次の日から、帰りの会で毎日ゲームを行い、その日のチャンピオンのかけ声で、「明日もガンバロー」「さようなら！」と解散していくパターンを続けるのも楽しい。

また、〈脚本１〉を常備してソロの台詞だけを入れ替えていけば、学級行事やパーティーなどのイベントで、繰り返し使える。次第に、子どもたちが自分たちで脚本を考えていけるように導くと、さらに文化的なレベルが上がって楽しくなる。

まいった　まいった

澤野　郁文編

〈読み手〉
・ソロ
・コーラス

〈演出ノート〉
・ソロは一人でもいいが、最初は台詞ごとに、交代で発表してもいいだろう。
・〈脚本１〉は、模造紙に印刷しておき、「　　　」の部分には、子どもたちといっしょに台詞を書き込む。

〈脚本1〉

ソ　ロ　「　　　　　　　」
コーラス　アーアー
ソ　ロ　「　　　　　　　」
コーラス　まいった　まいった
ソ　ロ　「　　　　　　　」
コーラス　そーだ　そーだ
ソ　ロ　「　　　　　　　」
コーラス　いーぞ　いーぞ
ソ　ロ　「　　　　　　　」
コーラス　オー！
ソ　ロ　「　　　　　　　」
コーラス　ガンバロー！

〈脚本2〉

ソ　ロ　楽しかった春休みがおわっちゃった
コーラス　アーアー

ソロ　今日から勉強だって
コーラス　まいった　まいった
ソロ　でも　今度の○年○組は　けんかが少なくなりそう
コーラス　そーだ　そーだ
ソロ　勇気があって　協力できるクラスだ！
コーラス　いーぞ　いーぞ
ソロ　明るく
元気に（ソロ全員で）
＋コーラス　なかよしで
ソロ　がんばるぞ！
コーラス　オー！
教師　チャンピオン　お願いします
チャンピオン　明日も！
コーラス　ガンバロー！
全員　サヨウナラー！

朝の会

楽しく元気よく、群読であいさつ

◉北海道伊達市立東小学校教諭
加藤　恭子

※——〈実践の概要〉

小学校四年生、三六名。あまえんぼうの男の子におとなしめの女の子のクラス。声をそろえるのがどうも苦手。朝のあいさつに覇気がなく、だらだらしてしまいがちなので、楽しく元気よくあいさつできる方法はないかと、また、子どもたちに、あいさつを大事にしたいねというメッセージをこめながら、「あいさつ言葉の群読」を作った。

朝からぼーっとしていることが多い今の子どもたちは、まず、いきなり声を出すことが難しい。日直のかけ声で「おはようございます」と言わせても、声がそろわず気の抜けたあいさつになってしまう。そこで、せっかくのあいさつなので、だんだんと声のトーンや気持ちを盛りあげていき、自然と大きな声で「おはようございます」と言えるようにしたいと思った。

群読は、各班と全員のかけあいではじまる。小さい声だったり、そろわなかったりという班もあるが、リズムにのってだんだんと声が大きくなっていく。

世界のあいさつの部分は、それぞれが必死になって言ったあと、笑い声が起こる。そして、最後はだんだんと声が増えていき、みんなで「おはようございます」といってしめくくる。群読であいさつをしなかったころとは見違えるようなあいさつになった。

「群読だとみんなも声をだすから自分も声をだせる」と、ひとりの子が言っていた。

すてきなじゅもん

加藤　恭子編

〈読み手・演出ノート〉
①全体をAからFまで六つのグループにわけておく。班ごとでもよい。日直は前に出る。
②ソロは日直、または教師、両方でもよい。
③世界のあいさつの部分、国名のところは「乱れ読み」になる。早口言葉のように読ませるとよい。
④最初のうちは、みんなで手拍子をうつと声がそろい、リズムにのりやすい（乱れ読み以外の部分）。
⑤AからFのグループ、あいさつ言葉は、ときどき入れ替えるとよい。

〈群読脚本〉「すてきなじゅもん」

ソ　ロ　いち、に、さん、ハイ
Ａグループ　すてきなじゅもんをとなえましょう、ヘイ
全　員　となえましょう　となえましょう
Ｂグループ　楽しい一日　はじまるよ、ホイ
全　員　はじまるよ　はじまるよ
Ｃグループ　何して遊ぼう休み時間　休み時間
全　員　ドッジボールにオニゴッコ
Ｄグループ　ところで給食なんだっけ
全　員　とたんに　おなかがすいてきた（グー）
Ｅグループ　なんか　わすれちゃいませんか
全　員　アッ　わすれちゃいけないお勉強
Ｆグループ　それではじゅもんを　となえましょう
全　員　ハイ

全　員　§グッモーニン、アンニョンハセヨ、タロファ、サワディー、ナマステ、ジャンボ、ボンジュー、ボンジョールノ、グーテンモルゲン、ザオシャンハオ…

全　員　§アメリカ、韓国、サモア、タイ、ネパール、アフリカ、フランス、イタリア、ドイツ、中国…

Aグループ　世界の国の　人たちが
＋Bグループ　すてきなじゅもんを　となえてる
＋Cグループ　元気がもりもり　出るじゅもん
＋Dグループ　にこにこ笑顔になるじゅもん
＋Eグループ　それでは　じゅもんのしめくくり
＋Fグループ　みんなで　声をそろえましょう
ソ　ロ　さんはい
全　員　おはようございます！

群読の声が響き合う学級会

◉大分県日出町立大神小学校教諭

姫野　賢一

〈実践の概要〉

わたしの学級会に対する思いは、「みんなで（話し合い）決めて、みんなで（実行し）守る」ことにある。学級会といえば、一般的には司会・議長の開会宣言とともに開かれることが多い。進行役の子どもたちは、会を盛り上げていこうという〈やる気〉がみなぎる。しかし、進行役だけが盛り上がり、参加している子どもたちがのってこない場面もある。学級会での進行役が果たす役割は大きいが、何といっても、参加してくる子どもたちが活発に意見を交わすことが、学級会ではいちばん大切なことになる。

そのためにも、「みんなでいっしょに話し合っていく」といった学級会の前向きな雰囲気が必要になってくる。その時に、開会宣言を進行役の子どもたちに任せておくのではなく、学級のみんなでやってみてはどうだろうかと考えた。自信のない子どもが進行役の時でも、みんなで群読をしながらの進行をすれば、不安が消えるのではないかと思った。

これから紹介する群読は、四年生の実践である。閉会宣言では、「みんなで決めた」という気持ちを十分にもたせたいと考えていた。

「今回の学級会では、あまり話せなかった」と心に秘めている子どもたちにも、群読を通して決めたことを読み上げれば、「みんなで決めた」という思いを共有できると思っている。話し合いの途中で、話題についていけなくなった子どもも、「閉会宣言」の群読で何が決まったのか、どう決まったのかを確認できる。閉会宣言で少しでも発言の機会があれば、きっと、次の話し合いには、「進んで話していこう」という気持ちを引き出していけると思う。

このように、一人ひとりの子どもたちが、少しでも話したり、語ったりする機会を増やしていける「学級会の群読」は、学級会のムードを一新させるとともに、積み重ねていくうちに群読の練習にもなる。話し合い活動を伴う朝、帰りの会でも、はじめの言葉と歌声を合わせて群読にしてもおもしろい。

学級会　はじめの群読

姫野　賢・編

〈読み手・演出ノート〉

①ａはソロ。学級会がある日に決まっている子が担当。学級会のたびに交替し、一年間で最低一回は、全員がソロを経験する機会をつくる。

②ｂは、アンサンブル。四～六名程度。班を活用してもよい。

③ｃは、コーラス。担任のわたしと三つの班（一班は六人ほど）で。二〇名程度になる。
④ｃの15、18、21、52行は、はっきりと声を出す。
⑤16、19、22行は、ＢＧＭ効果を出すために無声音に近い形で声を出す。

〈群読脚本〉「学級会　はじめの群読」

（起立の合図で、みんな立つ）

	ソロ（a）	アンサンブル（b）	コーラス（c）
1	話・輪・和		
2	話・輪・和	話・輪・和	
3	話・輪・和・話・輪・和・ワ	話・輪・和・話・輪・和・ワ	話・輪・和・話・輪・和・ワ
4	ワーワーワー		
5	ワーワーワー	ワーワーワー	
6	ワーワーワーワーワーワー…	ワーワーワーワーワーワー…	ワーワーワーワーワーワー‥
7	話そう		
8		聞こう	
9		話し合おう	聞こう
10			話し合おう

話そう
　聞こう
話し合おう　　話し合おう
どんなに
　　みんなが・みんなが
　こまっていても　みんなが・みんなが
どんなに
　　ともだち・ともだち
　なやんでいても　ともだち・ともだち
どんなに
　・　なかまが・なかまが
　ふあんでいても　なかまが・なかまが
みんなで
　いっしょに　いっしょに
話してみれば　話してみれば　話してみれば
きっと
　心に

28			青空が
29	きっと		
30		心に	
31			太陽が
32	きっと		
33		心に	
34			そよ風が
35	みんなで		
36		かけよう	かけよう
37	ひかるぞ		
38	のびるぞ	ひかるぞ	
39	ちえだすぞ	のびるぞ	ひかるぞ
40		ちえだすぞ	のびるぞ
41			ちえだすぞ
42	みんなの		
43		ねがいを	
44			ひびかせて

45	みんなの		
46		ゆめを	
47			かなえさせ
48	みんなの		
49		いけんで	
50			かがやけば
51	明るく		
52		楽しい	明るく
53	学級会	学級会	学級会
54	学級会（間）はじまり		
55	スタート	スタート	スタート

学級会　おわりの群読

姫野　賢一編

〈読み手・演出ノート〉

①ソロ（a～l）は、担当になった班内で役割分担しておき、一人が一回は声を出す。

②おわりの群読は、あっさりスムーズに進める。ソロのeは即興的な台詞調になるので、事前に決めておくとよい。

〈群読脚本〉「学級会　終わりの群読」

（起立の合図で、みんな立つ）

	ソロ	コーラス（全員）
1	a　今日の	
2		今日の
3	b　学級会	
4	c　学級会	学級会
5	（間）	（間）
6	d　みんなで決めた	

7		みんなで決めた
8	e （議題名をいう）は	
9		（eのソロを復唱する）は
10	f みんなでいっしょに	
11		みんなでいっしょに
12	g やりましょう	
13		やりましょう
14	h みんなでいっしょに	
15		楽しもう
16	i おわりに	
17		おわりに
18	j 元気よく	
19		大きな声で
20	k 学級会	
21	l おわりまーす	おわりまーす

二学期のまとめを群読で

◉高知県高知市立一宮東小学校教諭
松本　順子

〈実践の概要〉

今まで、全員で声を合わせたり、数人が声を合わせてのよびかけや音読はやってきたが、群読の活動については指導してなかった。二年生の二学期に入り、学年の子どもたちに表現活動の一つとして群読を教えた。

はじめに取り組んだのが、群読遊びとしての「どっちの学校、いい学校」（家本芳郎氏の脚本）だった。二年生の子どもたちは動作が入った群読をおもしろがり、誰もが大きな声で読みあげ、群読の楽しさをつかむことができたようだった。

それからは、運動会での表現ダンスの前、音楽会の演奏の前に群読を取り入れた。中でもいちばん盛り上ったのが生活科〈潮江南祭り〉でのオープニングの「まつりだ、わっしょい」であった。二年生なので脚本を一部省略はしたが、和太鼓を取り入れ盛り上げることができた。本番では、招待した保護者や教職員からの声援があり、子どもたちは、意気揚々と読みあげた。

一二月に入り、私は、学期じまいのプログラムに歌、ゲーム、そして子どもたちが大好きになった群読をやろうと考え、「二学期に楽しかったこと、頑張れたこと、思い出に残ったことはどんなことがあったの」と尋ねた。

子どもたちからは、二学期の行事や学習、群読遊びなどが出された。そこで「このことを『二の一の二学期』として群読で読みあげよう」と学級会で提案すると、「おもしろそうだね」「気持ちよくなりそうだね」の声があがった。

群読の脚本は教師が書き、書き上がった物をみんなで読みあい、修正して出来上がった。分読の役割は、二学期にがんばった班長たちにソロ・アンサンブルをやってもらおうということになった。

「二の一の二学期」の群読に取り組むことによって、子どもたちに二学期のまとめと三学期への方向付けをすることができた。三学期の終わりの学級じまいでは、群読の脚本を教師と子どもたちで創り上げたいと思う。

二の一の二学期

松本　順子編

〈読み手〉

・ソロ　　　　　一名（班長から）
・アンサンブル　八名（各班長）
・コーラス　　二八名（学級の全員）

〈演出ノート〉

・模造紙に書いた脚本を前の黒板に貼り、一列目の右側にソロ、左側にアンサンブルを立たせ、その後ろにコーラスを三列に並ばせて立たせる。
・読み方は、子どもたちが二学期に体験したことが主なので、「読むときは、大きな口（大きな声とは言わない）をあけて、みんなで気持ちをあわせて読みあげよう」と声掛けをした。

〈群読脚本〉「二の一の二学期」

ソ　ロ　　　　二学期が終わったぞ
アンサンブル　二学期が終わったぞ
コーラス　　　二学期が終わったぞ
ソ　ロ　　　　どんなことあったかな
アンサンブル　どんなことやったかな
ソ　ロ　　　　思い出してみようよ

全　員　うーん　うーん（腕組みしながら）
ソ　ロ　あった　あった（手拍子をしながら）
アンサンブル　やった　やった（手拍子をしながら）
コーラス　そうだよ　そうだよ（手拍子をしながら）
ソ　ロ　運動会での百メートル走
アンサンブル　車椅子リレーだ
コーラス　玉入れだ
ソ　ロ　力いっぱい花がさ音頭
アンサンブル・コーラス　花がさ音頭
ソ　ロ　花がさ音頭発表会
アンサンブル　先生からもらった花メダル
コーラス　胸にかかった花メダル
ソ　ロ　かっこよかったぜ
全　員　イエイ（親指を立てる）
ソ　ロ　うれしかったよ
全　員　イエイ（親指を立てる）
ソ　ロ　かけ算がはじまった

アンサンブル　おかし会社でかけ算だ
コーラス　かけ算は楽しいね
ソロ　もう九九は大丈夫
アンサンブル　§ごいちがご　ごにじゅう（5の段をいう）
コーラス　§にいちがに　ににんがし（2の段をいう）
アンサンブル　§くいちがく　くにじゅうはち（9の段をいう）
コーラス　§しちいちがしち　しちにじゅうし（7の段をいう）
ソロ　それからそれからなにやった
アンサンブル　木曜市への探検だ
コーラス　おみやげいっぱい買えたよね
ソロ　ぐんどく遊びを習ったね
アンサンブル　どっちの学校いい学校
コーラス　みんなでまねっこしあったよ
ソロ　アーン　アーン
コーラス　アーン　アーン
ソロ　あははは
コーラス　あはははは

ソ　ロ　ニコニコ学校　泣き虫学校　どっちの学校がいい？
アンサンブル・コーラス　（好きな方をいう）
ソ　ロ　心を合わせた音楽会　ステージの上はあつかった
コーラス　ドキドキ　ドキドキ
アンサンブル　お母さんの顔が見えた
コーラス　ドキドキ　ドキドキ
ソ　ロ　終わった　終わった
アンサンブル　たくさんの拍手がひびいた
全　員　イエイ（親指を立てる）
ソ　ロ　なんといっても一番は
全　員　うしおえ南まつり
ソ　ロ　体育館にひびいた　呼び込みだいこ
アンサンブル　ぐんどく「まつりだ　わっしょい」
コーラス　お店も出したよ
ソ　ロ　みんなで力を合わすと
アンサンブル・コーラス　いい気分
ソ　ロ　二学期は思い出いっぱいのこせたね

アンサンブル　みんなで力を合わせたね
コーラス　ぼくもわたしもかがやいた
ソ　ロ　このことわすれず
ソ　ロ　三学期もがんばるぞ
＋アンサンブル　三学期もがんばるぞ
＋コーラス　三学期もがんばるぞ
全　員　おう（にぎりこぶしをあげる）

解説〈1〉

学級活動で群読を取り上げる意義と取り組みの留意点

◆日本群読教育の会事務局長　重水　健介

学級活動の中に群読を取り上げる意義は何だろうか。大きく、四つのことが考えられる。

①仲間意識を育てる

群読は、大勢で声を出す活動である。学級のみんなで声を合わせることで、みんなの呼吸がそろい、お互いの気持ちがほぐれ、しぜんと仲間意識が育ってくる。

本書収録の澤野郁文先生の「学期はじめ」の実践では、一年間をみんなの声でスタートする。また、加藤恭子先生は、みんなで声を合わせて一日をはじめる。

群読で子どもたちの心理的距離を縮め、仲間意識を育てようとする意図をみることができる。

②手軽にできる

群読は読み手がいれば、いつでもどこでも手軽にできる文化活動である。子どもたちといっしょに群読をするときは、脚本があればすぐに読むことができる。

③目的に応じて取り組める

たとえば、姫野賢一先生は学級会のはじめに「みんなで話し合いましょう」と群読で意欲を引き出し、終わりに「きょう決めたことは……。みんなで実行しよう」とその実行を励ましている。

また、松本順子先生は、学期の終わりに「その学期での出来事を振り返り、学級みんなの成長を確認する」というねらいをもって群読を取り上げている。このように、子どもたちの活動意欲を育てるための有効な文化活動である。

「誕生会で祝福する群読」「転校生を励ます群読」「学級目標達成を祝う群読」「授業参観後に保護者に感謝の言葉を伝える群読」など、ねらいをもっていろいろな群読にチャレンジしたいものである。

④次の学級活動に生かしやすい

たとえば、澤野郁文先生は学級びらきの翌日から、報告にある脚本を使って、帰りの会で、「明日もガンバロー。さようなら！」と群読を続けている。

また、ソロの台詞を入れ替えながら、行事や学級のお楽しみ会に利用している。このように群読は、学級の文化として発展させやすい活動である。

学級で群読に取り組む場合の留意点は何だろうか。四氏の報告から学んだことを列挙してみる。

⑴プログラム化する

毎日、朝の会や帰の会で群読を取り上げるときは、プログラムの中で、たとえば加藤実践のように「朝の群読をはじめます」と声をかけると、みんなで読みはじめるというように、群読する手順を決めておく。すると子どもたちもプログラムの流れの中で、群読に親しむようになる。

⑵脚本を常時掲示する

脚本はすぐに読めるように教室前方に貼っておく。または、模造紙に脚本を書き、掛け軸のようにして黒板にかけておく。興味をもつ子どもは休み時間にも、それを見て口ずさむこともできる。

⑶はじめは「ふたり読み」が取り組みやすい

「ふたり読み」はAとBの二つに分担して読む、群読のバリエーションである。ふたりで読むだけでなく、教室や班を二つに分けて読むことができる。一文を一斉に読んだあとは、「ふたり読み」から入っていくとスムーズに群読に親しめるのではないだろうか。

⑷脚本を子どもといっしょにつくる

脚本の一部分を空けておき、そこに子どもたちの意見や考えを引き出しながら脚本を完成させていく。本書の報告は、子どもといっしょに脚本をつくるという視点も教えてくれている。

⑸遊び心のある楽しい群読を取り上げる

四氏の報告にある脚本を読むだけで、楽しさが伝わってくる。はじめはとくに、言葉の楽しさ、振り付け・パフォーマンスによる効果、姫野実践や松本実践の脚本にあるような漸増する面白さなど、やって楽しい群読を取り上げたい。

ここにある報告を参考に、何かにつけて、群読を学級の活動に取り上げ、学級固有のユニークな文化活動として発展させていきたいものである。

（長崎県西海市立大瀬戸中学校教諭）

第2章

集会・行事の中の群読

学級で群読大会を開催

◉神奈川県横須賀市立大塚台小学校教諭
長塚　松美

〈実践の概要〉

六月初旬に行った運動会でのがんばりや、小学校三年生の日常生活の育ちを讃えるためと、国語や朝の会で取り組んでいる群読を深めるために、学級会に提案し、「群読大会」を行うことにした。扱う時間や扱うねらい及び方法は、国語と学級活動の半々。

学級会提案には、現時点での学級の様子の良い面を挙げ、さらに良い学級に高めるために行うことをまず示して、全員の気もちを盛り上げた。

そして「群読大会」のイメージを、次のように提示した。

「群読大会」の群読は、今までのように、クラス全員でやる群読とは少し違ってきます。

①グループごとに練習した群読を、発表し合います。
②初めてのことなので、今回は、全部のグループとも、同じ題名の群読をやります。
（この次に「群読大会」をやる時は、それぞれ違う群読を発表し合いましょう。）
③発表の時は、他のグループの良い面をさがして、ほめ合います。
④群読を練習して、しっかり声を出すことも、ほめることをさがすことも、大切な学習になります。
⑤発表し合う群読は『おしょうさんとこぞうさん』です。

最後に、練習方法や日程・発表会の日時を提案し、『おしょうさんとこぞうさん』を紹介する中で、私と声を合わせて読むことで、全員の気もちを一点に集中させて行った。

発表会は、一〇日後の授業参観に当てた。より一層の励みになるだろうと思われたからである。練習は国語の時間を三回、学級活動の時間を一回使った。

暗唱を初めからねらったのではなく、脚本を持っても良いと思っていた。しかし、子どもたちはたいへん意欲的に取り組み、家庭学習で懸命に練習してきた。役割の部分はもちろん、わずか三回目の練習の時には、詩全体を暗唱できた子がほとんどであった。となると、欲が出てくるのは必然で、脚本を持たずに発表できるのなら、多少の動作を入れたくなった。劇とは違い、群読なのだから、おおげさな動作はむしろ邪魔になるだろうが、群読としてのねらいを阻害しない程度の動作を取り入れさせてみた。

というより、子どもたちが自然に動作化を始めた。

教室の真ん中に向かって、四面でそれぞれのグループが声を出し合って練習する。いい意味での競い合いの雰囲気が醸し出された。また、おのずと他グループのやり方も見えてくるので、良い面をわが物にする。練習の中から高め合い、励まし合いの姿がすがすがしい。グループによっては、二年生でも、休み時間に別室で練習する動きを見せてくれた。自主的な活動の第一歩だと、大いに評価した。

三回目の後半には、大体完成に近づいてきたので、本物の木魚を貸し出してあげ、お互いのグループの経過を見合った。さらに四回目（発表会前日）のリハーサルでは、本番同様、ステージのある音楽室にて、それぞれのグループの中間発表会を行った。この時には、【本番で気を付けるとよいと思われること】をアドバイスし合った。

発表会当日は、次の三つのめあてをもって発表に臨み、一グループ発表するごとに相互評価と自己評価（自己評価といっても、個人個人ではなく、グループごとに相談）のカード記録を行った。

＊めあて

①ふだん声が小さい人も、しっかり大きな声が出るようにしよう。
②読み方やならび方を工夫し、読む練習をしたことを、本番でもがんばろう。
③ほかのグループの発表を聞いて、よい点を三つ以上さがそう。

記録したものは、全グループの群読発表が終わった後に、報告し合った。記録はその都度でないと、別のグループと混じり合ってしまうから。記録したものの報告を最後にするのは、せっかく「群読発表」に集中している気もちを中断しないため。

こうして、練習の成果を発揮すると共に、アドバイス（もっとこうすればよいという指摘）→成果の評価という道筋をたどることで、お互いの満足度もアップする経験をさせることに成功した。

おしょうさんとこぞうさん

北原　白秋作／家本　芳郎編／長塚　松美脚色

〈読み手〉
・ナレーター　一名
・和尚　一名
・先の小僧
中の小僧
後の小僧　各一名
・コーラス
グループの人数に合わせ、右の五名以外

〈演出ノート〉

一〇名ぐらいのグループで行うのが適切である。私の場合、三九名学級なので、四グループに分かれ、それぞれの練習の成果を発表し合う形式を取り入れた。グループごとの工夫を大事にするが、次の五点は、ポイントとして述べたり、練習時点での評価として言ってあげ、取り入れさせたりした。
①「よかァ　ふかい。」のイントネーション
②「こっそりと」を、声の大きさや動作で工夫する
③おしょうとコーラスの「ぶうぶう…」「くたくた…」は、それぞれの

グループで動作を工夫
④それぞれの小僧が登場する部分の工夫
⑤終わり方の工夫

〈群読脚本〉「おしょうさんとこぞうさん」　北原　白秋

ナレーター　ここは山寺、おしょうさま
　　　　　　もちは食べたし、よかァ　ふかい。
コーラス　よかァ　ふかい。
ナレーター　やいてにましょか、こっそりと。
コーラス　こっそりと。
三人のこぞう　そこでこぞうたち考えた。
三人のこぞう　「えへん、よござろ、おしょうさま。名前かえます、わたしたち」
おしょう　「ふふん、よしよし、なんだ、名は？」
さきのこぞう　「ぶうぶう」
おしょう　「ぶうぶう？」
中のこぞう　「くたくた」
おしょう　「くたくた？」

あとのこぞう　「うまいうまい」
おしょう　「うまいうまい?」
三人のこぞう　「ぶうぶう、くたくた、うまいうまい」

ナレーター　夜はふけます、おしょうさま
もちは食べたし、よかァ　ふかい。
よかァ　ふかい。
コーラス　「やいてにましょか、こっそりと。よいな、ひとりでこっそりと」
おしょう
コーラス　こっそりと。

ナレーター　もちをやきます
おしょう　「ほう、あつい」
ナレーター　いきをぶうぶうふきかける。
おしょうとコーラス　ブーブー、ブーブー、ブーブー、ブーブー
さきのこぞう　「はあい、おしょうさま、なにごよう」
ナレーター　それっとこぞうさんかけつける。

ナレーター　なべに入れます、やいたもち
　　　　　　もちはくたくたたぎりだす。
コーラス　クタクタクタクタ、クタクタクタクタ
中のこぞう　「どうれ、おしょうさま、なにごよう」
ナレーター　中のこぞうさんお手をつく。
ナレーター　もちはにえたて、ゆげはたつ。
　　　　　　うまいうまいと声たてる。
おしょう　「うまいうまい、うまいうまい」
あとのこぞう　「へえい、おしょうさま、なにごよう」
ナレーター　あとのこぞうさん、目でじろり。
ナレーター　しかたなくなく、おしょうさま
　　　　　　やいたはしから
おしょう　「そら、お食べ」
おしょうとコーラス　「そら、お食べ」
ナレーター　にたったはしから

おしょう　「そら、お食べ」
おしょうとコーラス　「そら、お食べ」
おしょう　みんな食べられ
おしょうとコーラス　みんな食べられ…アーア。こまりもち
こ、ま、り、も、ち
三人のこぞう　「ごちそうさま！」

学年集会

群読で唱《しょう》歌《が》「祭《まつり》囃《ばや》子《し》」に挑戦

◉長崎県長崎市立小江原中学校教諭　重水　祐子

〈実践の概要〉

わたしの学校では総合的学習の一つとして「表現」の授業を開設している。歌・ダンス・演劇・朗読群読のように、声や身体を使った活動をしている。週二時間、年間五〇時間の計画である。

この「表現」の時間のはじめに、毎回、群読を取り上げた。声を出すことで体をあたため、みんなで声をそろえながら、「みんなで協力して取り組む」気持ちを高めるねらいからである。一種のウォーミングアップである。

また、文化活動では練習したことを人前で発表することで次への活動意欲が増すと考え、学年集会で総合学習の中間発表会を開くことにした。

脚本は、唱歌「祭囃子」を取り上げた。この群読にはいろいろな技法が入っていて、難しい群読だったが、一つひとつの群読技法をていねいに教えながら、子どもたちといっしょに群読をつくっていった。

やっていくうちに、まわりの声を聞きながら自分の声を出すという力が育っていったように思う。

また、はじめは、恥ずかしがって声を出さなかった女子が、大きな声を出すようになったことも群読の効果だと思う。

唱歌《しょうが》「祭囃子《まつりばやし》」

家本　芳郎編

〈読み手〉

・ソロ　1、2、3、4、5、6

〈演出ノート〉

・漸増、漸減、追いかけ、異文平行読み、バック読み、重層の技法を脚本のとおりに読む。

・本来は、ソロ　1　2　3　4　5　6　であるが、人数に応じて、六グループをつくって読む。ここでは、一一名を1から6の六グループに分け、1のグループだけは一人にした。

・記号の＝はバック読み

〈群読脚本〉唱歌「祭囃子」

1　オヒーリア　ヒー
2　テン
4　ド　ド　ド
+3　ドド　ドド　ドン
6　ドン
1　オヒーリア　ヒー
2　テン　テン　テン　テンテンテンテン
3　テンツクツクツク　テンツクツン
+4　テンツクツクツク　テンツクツン
+5　テンテンテレツク　テレツケテン
+6　テンテンテレツク　テレツクテン
全員　テレツクストトン　テレツクテン
2　テンツクツクツク　テンツクツン　テンテンテレツク　テレツクテン
3　テンテンテレツク　テレツクテン　テレツクストトン　テレツクテン
4　テレツクストトン　テレツクテン　テンテンツクツク　テンツクテン
5　テンテンツクツク　テンツクテン　テンツクツクツク　テンツクツン

2　テレツクストトン　テレツクテン　テンテンツクツク　テンツクテン
3　テンテンツクツク　テレツクテン　テンツクツクツク　テンツクツン
4　テンツクツクツク　テンツクツン　テンテンテレツク　テレツクテン
5　テンテンテレツク　テレツクテン　テレツクストトン　テレツクテン
1　ヒャイトロヒャイトロ　ヒャラリーリー
3　チャンチャンチキチキ　チャンチキチ
4　チャンチキチキチキ　チャンチキチ
5　　　チャンチキチキチキ　チャンチキチ
6　　　　　チャンチキチキチキ　チャンチキチ
23　チャンチキチキチキ　チャンチキチ
全員　チャンチャンチキチキ　チャンチキチ
1　ヒャイトロヒャイトロ　ヒャラリーリー
4　ドンドンドンドン　ドロツクドン
+3　ドロツクドロツク　ドロツクドン
+5　ドロドロドロドロ　ドロツクドン
+6　ドンツクドンツク　ドロツクツン
+1　ドンツクドロドロ　ドロツクツン

2

テンツクテンツク　テンツクツン
テンツクテンツク　テンツクツン
テンツクテンツク　テンツクツン
テンツクテンツク　テンツクツン
テンツクテンツク　テンツクツン

2　ドンツクドンツク　ドロツクツン　ドンツクドロドロ　ドロツクツン
3　ドンツクドロドロ　ドロツクツン　ドンドンドンドン　ドロツクドン
4　ドンドンドンドン　ドロツクドン　ドロツクドロツク　ドロツクドン
5　ドロツクドロツク　ドロツクドン　ドロドロドロドロ　ドロツクドン
6　ドロドロドロドロ　ドロツクドン　ドンツクドンツク　ドロツクツン
全員　ドンドンドロツク　ドロツクドン　ドンドンドロツク　ドロツクドン
1　ヒャイトロヒャイトロ　ヒャラリーリー
5　スコトンスコトン　デレツケデン
＋6　スットンドンドン　ドロツクドン
234　チャンチャンチキチキ　チャンチキチ　（だんだん小さく）
−2　チャンチキチキチキ　チャンチキチ
−4　チャンチキチキチキ　チャンチキチ
4　ドンドンドンドン　ドロツクドン　（大きく）
1　オヒャイヒャイトロ　ヒャイトロロ
1　ヒャイトロヒャイトロ　ヒャラリーリーリー
＋2　テンツクツクツク　テンツクツン
＋4　ドンドンドロツク　ドロツクドン

3　チャンチキチキチキ　チャンチキチ
＋2　チャンチキチキチキ　チャンチキチ
＋4　チャンチキチキチキ　チャンチキチ

十5　スコトンスコトン　デレツケデン
十6　ピーッ　ピーッ　ピーッ　ピーッ
1　ヒャイトロヒャイトロ　ヒャラリーリー
十2　テンツクツクツク　テンツクツン
十3　チャンチャンチャンチキチキ　チャンチキチ
十5　スコトンスコトン　デレツケデン
十6　ピーッ　ピーッ　ピーッ　ピーッ

4

チャンチキチキチキ　チャンチキチ
チャンチキチキチキ　チャンチキチ
ドンドンドロツク　ドロツクドン
ドンドンドロツク　ドロツクドン
ドンドンドロツク　ドロツクドン
ドンドンドロツク　ドロツクドン
ドンドンドロツク　ドロツクドン

⌒1　ヒャイトロヒャイトロ　ヒャラリーリー　ヒャイトロヒャイトロ　ヒャラリーリー
⌒2　テンツクツクツク　テンツクツン　テンテンテレツク　テレツクテン
⌒3　チャンチャンチャンチキチキ　チャンチキチ　チャンチキチキチキ　チャンチキチ
⌒4　ドンドンドロツク　ドロツクドン　ドンツクドンツク　ドロツクツン
⌒5　スコトンスコトン　デレツケデン　スットンドンドン　ドロツクドン
⌒6　ピーッ　ピーッ　ピーッ　ピーッ　ピーッ　ピーッ　ピーッ　ピーッ／
1　オヒャイヒャイトロ　ヒャイトロロ　ヒーヒャラヒーヒャラ　ヒャラリーリー
2　テンツクツクツク　テンツクツン　テンテンテレツク　テレツクテン
3　チャンチャンチキチキ　チャンチキチ　チャンチキチキチキ　チャンチキチ
4　ドンドンドロツク　ドロツクドン　ドンツクドンツク　ドロツクツン

5 ｜スコトンスコトン　デレツケデン　スットンドンドン　ドンツクドン
6 ｜ピーッ　ピーッ　ピーッ　ピーッ　ピーッ　ピーッ　ピーッ　ピーッ

1 ｜オヒャイヒャイトロ　ヒャイトロロ　ヒャイトロヒャイトロ　ヒャラリーリー
2 ｜テンツクツクツク　テンツクツン　テンテンテレツク　テレツクテン
3 ｜チャンチャンチキチキ　チャンチキチ　チャンチキチキチキ　チャンチキチ
4 ｜ドンドンドロツク　ドロツクドン　ドンツクドンツク　ドロツクツン
5 ｜スコトンスコトン　デレツケデン　スットンドンドン　ドンツクドン
6 ｜ピーッ　ピーッ　ピーッ　ピーッ　ピーッ　ピーッ　ピーッ　ピーッ

全員　ヒャイトロヒャイトロ　ヒャラリーリー　（以下、だんだん小さく）
―6　ヒャイトロヒャイトロ　ヒャラリーリー
―5　ヒャイトロヒャイトロ　ヒャラリーリー
―4　ヒャイトロヒャイトロ　ヒャラリーリー
―3　ヒャイトロヒャイトロ　ヒャラリーリー
―2　ヒャイトロヒャイトロ　ヒャラリーリー………
4　ドン（軽く）

中学校
卒業式

卒業生の群読

ぼくらの春はここから始まった

◉神奈川県葉山町立南郷中学校教諭
山口 聡

〈実践の概要〉

卒業式は、卒業学年にとっては三年間の「学年じまい」、学校全体としては一年間の「学校じまい」の行事である。つまり日常的にどのような「学年づくり・学校づくり」をすすめてきたのか、そのまとめの活動が卒業式である。

わたしの「学年づくり・学校づくり」のテーマは「子どもが主人公の学年・学校」である。そして、自分たちで学級、学年、学校をつくりあげていく「自治のちから」を子どもに育てていくことである。だから卒業式のとりくみも「子どもが主人公」であり、卒業式当日の子どもたちの発表でも「自治のちから」の表現をめざしていく。

昨年度まで勤務してきた中学校の卒業式では、式の後半部分に各学年の群読と合唱を発表する時間が三五分間設定されていた。そのなかで、在校生は卒業を祝いつつ自分たちが進級する決意を、卒業生は三年間をふりかえり社会へ旅立っていく決意を表現する（卒業生の発表時間は二五分間）。今回紹介する卒業生の群読は、学級から選出された群読委員（六名）が中心になって脚本をつくりあげた。

群読の構想については群読委員と事前に打ち合わせをもち、「卒業までの三年間を時間を追ってふりかえる」「群読の後半に、どのような社会・世の中を目指していくのかメッセージを入れる」「ソロの部分は原則として学年全員に割り振る」「群読の途中に合唱、ＢＧＭを組み込む」の四点を確認した。

ここ数年、卒業式のあり方については子どもや教職員の願いを踏みにじるような管理統制が強まっている。そんな状況でも、卒業式での群読と合唱は、少しずつ形式を変えつつも「学校の伝統」として継続してとりくまれてきた。これは、子どもたちと教職員がちからをあわせてよりよい卒業式をめざしてきたからであり、これまでの卒業生と教職員の絶え間ない努力があったからこその成果である。そのことを最後に付け加えておきたい。

二〇〇五年度卒業式　卒業生の言葉・合唱

製作：卒業式群読委員会

〈読み手〉

・ソロ（原則として卒業生全員が担当する）
・コーラス（群読委員と生徒会役員、代議員）

・その他、言葉の内容、必要な声量によって使い分ける

男子全員、女子全員（ソプラノ全員・アルト全員）

学級別（一組〜三組）

〈演出ノート〉

群読委員会でソロパートの分担を決定した。できるかぎり、その文章になじみのある人が担当するようにした。

また、群読委員の子どもが学年練習も企画運営した。事前に群読委員だけで練習、打ち合わせを行ない、言葉の区切り方などを群読委員が指導できるよう、指導方法について研修した。群読委員の指導で足りない部分についてのみ、わたしが助言するように心がけた。

合唱「旅立ちの日に」の間奏部分での言葉は、卒業生が教職員に内緒で準備し、卒業式当日に発表した（脚本にはない）。

その言葉にわたしは涙を止めることができなかった。

〈群読脚本〉「卒業生の群読　ぼくらの春はここから始まった」

全員　ぼくらの春はここから始まった

♪この気持ちはなんだろう
目に見えないエネルギーの流れが　大地から足の裏を伝わって
…………（合唱「春に」）

ソロ　新しい制服
ソロ　新しい友だち
ソロ　新しい環境に
ソロ　ついていくのが大変だった
全員　一年生
ソロ　ゼロからスタートする
ソロ　大きな不安
ソロ　先輩の
男子全員　響くハーモニー
女子全員　輝く笑顔

全員　大きな後ろ姿
ソロ　少しでも先輩に近づきたくて
ソロ　新しい何かを見つけるために
ソロ　仲間とともに
全員　進んでいった

ソロ　そして
全員　はじめての文化祭
ソロ　他学年との交流
ソロ　団結すること
ソロ　文化の発展
全員　たくさん学ぶことがあった

♪さぁ、始めよう僕たちの　未来へのステップを
仲間たちと共に　進んでいこう
…………（合唱「未来へのステップ」）

ソロ　校外学習
ソロ　自分に自覚をもった日
ソロ　先生の手を借りずに
ソロ　自主的に行動したい
ソロ　ちょっと背伸びしてみたかった
ソロ　もうすぐ先輩になるのだと
全員　明日へ向かう日々
　　　♪昇る朝陽　見つめて　今を走るぼくらがいる
　　　たとえどんな時でも　燃える想い忘れないよ
　　　…………（合唱「明日へ」）
ソロ　はじめて後輩ができた
全員　二年生
ソロ　うれしかったけれど
ソロ　責任を重く感じた
ソロ　西湖《さいこ》

ソロ　富士山
ソロ　たくさんの自然と
ソロ　ふれあい学んだ
全員　キャンプ
ソロ　みんなで過ごした夜は
ソロ　今でも忘れられない
ソロ　最高の思い出となっている
ソロ　部活動で先輩が引退し
ソロ　今度は自分たちが
ソロ　リーダーとなった

ソロ　最初で最後の
全員　体育祭
ソロ　いろいろと苦労したこともあったけれど
ソロ　仲間とともに助け合い
ソロ　大きなものを手に入れた
ソロ　それは

男子全員　友情
アルト全員　信頼
ソプラノ全員　せいいっぱい生きること
ソロ　そしてぼくらは
ソロ　沢中の顔として
ソロ　一歩ずつ歩み始めた

ソロ　聞こえる
ソロ　声にならない叫びが
ソロ　仲間の声が
ソロ　校舎を吹き抜ける風が
コーラス　聞こえる
ソロ　新たな未来への足音が
ソロ　ぼくらの一つになろうとする気持ちが
コーラス　聞こえる
全員　聞こえる

♪時代が話しかけている　世界が問いかけている
見えている、聞こえている、感じている
…………（合唱「聞こえる」）

ソロ　先輩からバトンを受け継ぎ
ソロ　今度はわたしたちが最上級生になった
全員　三年生
ソロ　三年生になると同時に
ソロ　中学校最大のビッグイベント
全員　修学旅行
ソロ　京都の町並みを満喫した三日間
ソロ　すべて自分たちでやりとげること
ソロ　自由という喜びより大きかったものは
コーラス　不安だった
ソロ　だけど不安を感じている暇もなく
ソロ　あっという間に時は過ぎた

全員　最後の文化祭
ソロ　後輩をまとめることに
ソロ　精一杯だったあのとき
ソロ　赤カラー
一組全員　紅
ソロ　アラジン
ソロ　みんなでつくった
ソロ　レッド・ロブスター
一組全員　黄色カラー
ソロ　Thunder Venus　勝利の歌を
二組全員　ハレルヤ
ソロ　激しく踊った
ソロ　マツケンサンバ
二組全員　青カラー
ソロ　shining splash
三組全員　完成させたかった
ソロ　大地讃頌《さんしょう》
三組全員

ソロ　ぼくらの熱意を後輩に引き継いでもらいたい
ソロ　これからぼくらは
男子全員　それぞれの道へ
女子全員　向かっていく

ソロ　三度目の
全員　三月
ソロ　ついに大好きな仲間とも
全員　別れのときがきた

♪流れる季節の真ん中で
ふと日の長さを感じます
…………（合唱「三月九日」）

ソロ　在校生のみなさん
ソロ　今日でお別れです
ソロ　ともに青春を過ごした部活

ソロ　支えあってきた委員会
ソロ　語りあい、よりよいクラス・学年をめざしてきたこと
ソロ　ぼくらが築きあげた
ソロ　長沢中の伝統を
全員　これからも守り続けてください
ソロ　そして長沢中を
全員　よろしくおねがいします

ソロ　いつもぼくらをそばで支えてくれたみなさん
ソロ　いま、元気でここに立っているのは
ソロ　みなさんのおかげです
ソロ　本当に
全員　ありがとうございます
ソロ　いつもぼくらと正面から向き合い
女子全員　時にはやさしく
男子全員　時にはきびしく
ソロ　指導してくださって

ソロ　本当に
全員　感謝しています
ソロ　同じ時間を生きてきた
全員　友だち
ソロ　いやな思い出もすべてよい思い出に変えてくれた
ソロ　今日で別れてしまうけれど
男子全員　ひとりはみんなのために
女子全員　みんなはひとりのために
ソロ　過ごしてきたことを忘れないでスタートしよう
ソロ　卒業はゴールではなく
全員　スタート

ソロ　ぼくらが進む道は
ソロ　決して楽な道ではないけれど
ソロ　ひとりひとりを大切にする
ソロ　誰も傷つくことのない世の中にする
ソロ　そんなぼくらの夢を託し

ソロ　自分の翼に勇気をこめて
ソロ　希望の風にのり
ソロ　この広い大空へ
全員　はばたきます

♪白い光の中に、山なみは萌えて
遥かな空の果てまでも、君は飛び立つ
…………（合唱「旅立ちの日に」）

ソロ　ぼくらはひとりひとり
ソロ　ちがう種を持っている
ソロ　いつかその花を
全員　咲かせよう

公民館活動で群読の発表会

◉神奈川県横須賀市在住

海上　和子

※——〈実践の概要〉

神奈川県横須賀市の「逸見群読の会」は、公民館活動の中の一つとして発足し、三年目をむかえた。家本芳郎先生が担当していた朗読講座を引き継ぎ、継続しているサークルである。五〇代から八〇代の男女含めて約二〇名の会である。月に一回、約二時間の例会を持っている。

昨年度は、公民館の「つどい」の場で、「和尚さんと小僧さん」「祭りだ　わっしょい」「ふたり読み」二本を、初めて発表をした。公民館の「つどい」は年一回、二月初旬に開催される。それぞれのサークルがステージ発表や作品の展示などを行う「文化祭」である。

今年度の発表にむけての脚本選びは、会員の個性などを考慮しながら次の三つに重点をおいた。

・ユーモアーがあり、観客ともどもリズムにのって、群読を楽しめるようなもの

・メルヘンチックでしっとりとした作品

・日本語の美しさやリズムを感じとれる古典に近い作品以上をもとに会員ともども検討した結果、「すっとびとびすけ」「やまのこもりうた」「信濃の一茶」に決定した。「ふたり読み」も二本とりあげた。

例会だけでなく、発表の場を持つことは、会員が脚本選びや内容の読み取り、表現に意欲的に取り組むようになる。また、試行錯誤しながら人間関係も深めていくことに力をかしてくれるようでもある。

すっとびとびすけ

谷川　俊太郎作／家本　芳郎編／海上　和子脚色

〈読み手〉
・ソ　ロ　　　　一名
・アンサンブル　六名
・コーラス　　一〇名

〈演出ノート〉
・リズムにのるところと、破調のところをはっきり区別し変化をつける。見栄をきるように表現する。

破調　ふじさんとびこえ　　とびこえ　　とびこえー
　　　びわこをまたいで　　またいで　　またいでー

・コーラスはおさえ気味にソロをバックアップしながらも、単独のときは強で表現する。台本をもちながらも、すっとんとーんの「とーん」を、右手で軽く小さな山を描くようにしてリズムをとる。
・全員でゆっくり「よかったね」を言ったあとに、効果音に鐘で「チーン」

をいれると面白さが増す。
・＊印の部分は、大きく読む。
———の部分は、ゆっくりと読む。

〈群読脚本〉「すっとびとびすけ」

谷川　俊太郎

ソロ	アンサンブル	コーラス
すととんすととんすっとんとん		
	＊すっとんすっとんすっとんとん	
		＊すっとんとーんすっとんとーん
すととんすととんすっとんとん	すっとんすっとんすっとんとん	すっとんとーんすっとんとーん
		＊すっとんとーんすっとんとーん
すっとびとびすけすっとんだ		すっとんとーんすっとんとーん
	＊すっとびとびすっとんだ	すっとんとーんすっとんとーん
		＊すっとんとーんすっとんとーん
ふんどしわすれてすっとんだ		
	＊すっとんだ　すっとんだ	
あさめしくわずにすっとんだ		

＊すっとびとびすけすっとんだ

とぐちでころんですっとんとん

じぞうにぶつかりすっとんとん

すっとびとびすけすっとんだ

ふじさんとびこえ

びわこをまたいで

＊すっとんだ　すっとんだ
すっとんすっとんすっとんとん

＊すっとびとびすっとんだ

＊すっとんすっとんすっとんとん

＊すっとんすっとんすっとんとん

すっとびとびすっとんだ

＊とびこえ

すっとんとーんすっとんとーん
＊すっとんとーんすっとんとーん
すっとんとーんすっとんとーん
＊すっとんとーんすっとんとーん
すっとんとーんすっとんとーん
すっとんとーんすっとんとーん
すっとんとーんすっとんとーん
すっとんとーんすっとんとーん
すっとんとーんすっとんとーん
＊すっとんとーんすっとんとーん

＊とびこえー

すっとびとびとびすっとんだ

やっとこすっとこまにあった
やっとこすっとこまにあった

＊まーにあったまにあった

じぶんのそうしきまにあった

効果音＝チーーン

＊またいで

すっとんとーんすっとんとーん
すっとんとーんすっとんとーん

＊やっとこすっとこまにあった

まーにあったまにあった
まーにあったまにあった
＊まーにあったまにあった

よかったね

＊またいでー

すっとんとーんすっとんとーん
すっとんとーんすっとんとーん

＊やっとこすっとこまにあった

まーにあったまにあった
＊まーにあったまにあった

よかったね

開会行事で『平家物語』に挑む

◉日本群読教育の会常任委員会

※——〈実践の概要〉

日本群読教育の会では、毎年夏に全国大会を開催している。この群読脚本は、二〇〇五年の第四回富山大会の開会行事で取り組んだものである。開催地・富山にゆかりのある『平家物語』の「倶利伽羅峠《くりからとうげ》」を題材にして、本会の役員で読んだ。

倶利伽羅峠は、富山県小矢部市と石川県津幡町の県境にある峠で、平安時代末期の寿永二年（一一八三年）の、源氏と平家が興亡の明暗を分けた倶利伽羅合戦の舞台となったところである。

古典群読のすばらしさとダイナミックさを多くに参加者に味わっていただくことができたと思う。

倶利伽羅峠《くりからとうげ》の合戦――『平家物語』巻の第七「倶利伽羅落」より

毛利　豊編／家本　芳郎指導

〈読み手〉

・語り手　客観状況を表現する。１２３４の四人。
・源氏方　源氏方を表現する。１２３４５６の六人。
・平家方　平家方を表現する。１２３４５６の六人。
・効　果　ホラ貝の音を表現する。１２３の三人。
・合　図　出だしや終末で拍子木を打つ。一人。

〈演出ノート〉

1　人数が足りないときは、源氏方、平家方の人数を減らし、兼務を増やす。
2　語り手の声の質をそろえると、声の通りがよくなり美しい。
3　全体に「気取って」読む。狂言役者、歌舞伎役者の声色のように。
4　冒頭と終末は、叙情的にしみじみとゆっくり読む。その他は全体的に重々しく、気合いを入れて読む。怒ったような声になってもよい。
5　特に数詞や固有名詞は、気取って荘重に読む。

〈隊形図〉

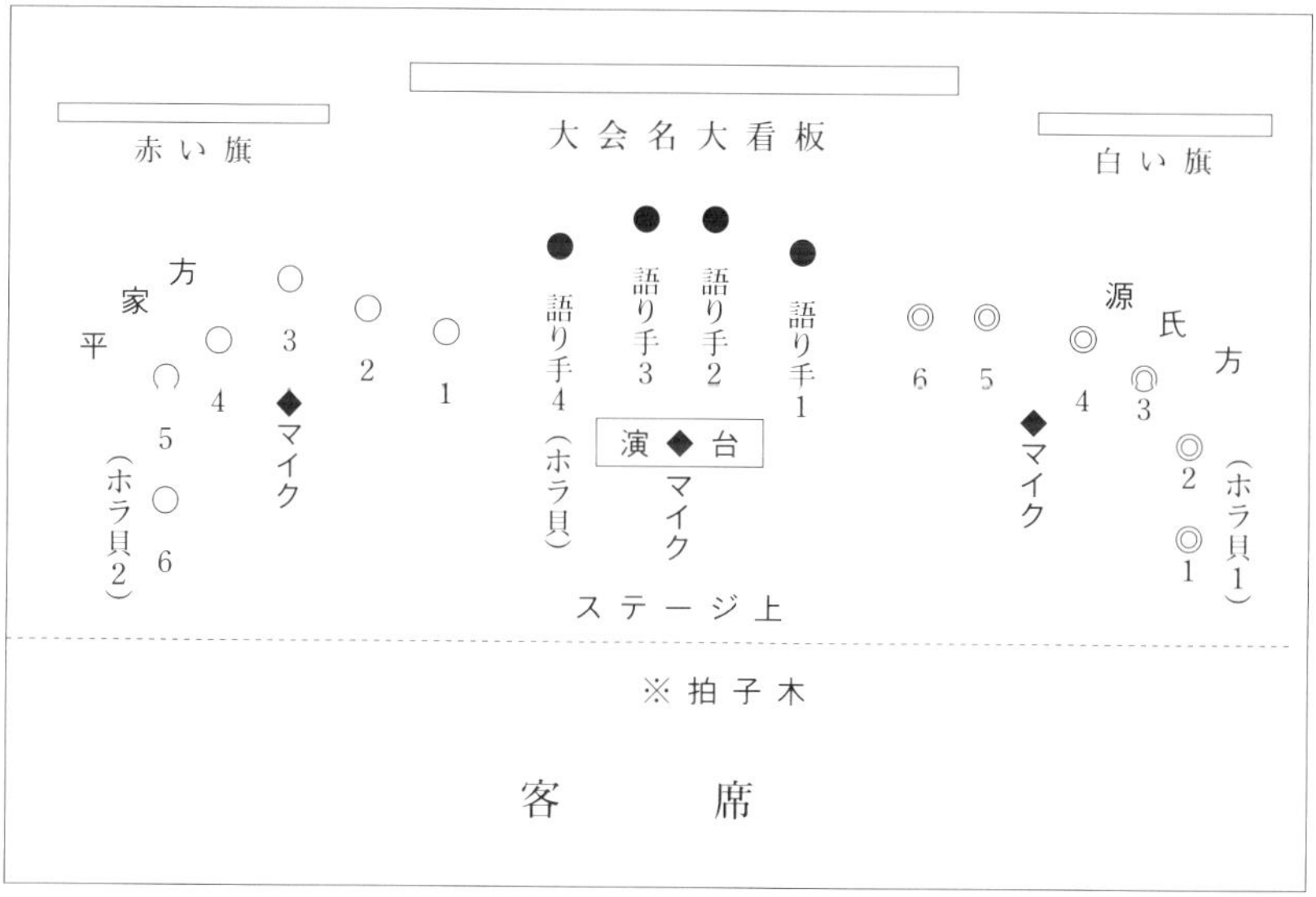

▲発表は、日本群読教育の会全国大会の開会行事として行われたため、舞台正面に大会名を記した大看板を掲げている。その左右に視覚的効果を上げるための赤い旗と白い旗を掲げた。読み手は、向かって右、白い旗の側が源氏方、左側の赤い旗の側が平家方、正面に語り手1234を配置した。

6 「係り結び」はことさらに強く読む。「ぞ」「こそ」などで、①音程を上げる、②その後にかすかな「間」をおく、③そこを強く読む、ようにする。

7 視覚的な効果を上げるために赤旗・白旗を掲げたり、出だしや終末を示すために拍子木で合図をしたりする。

8 脚本の仮名づかいは、読みやすいように現代仮名づかいに改めた。

〈群読脚本〉「倶利伽羅峠の合戦」

拍子木　チョン！

語り手1　祇園精舎《ぎおんしょうじゃ》の鐘の声、諸行無常《しょぎょうむじょう》の響きあり。

語り手12　沙羅双樹《しゃらそうじゅ》の花の色、盛者必衰《じょうしゃひっすい》の理《ことわり》をあらわす。

語り手3　驕《おご》れる者も久しからず、ただ春の夜の夢のごとし。

　　ひとえに風の前の　塵《ちり》に同じ。

語り手4　　驕れる者も久しからず、ただ春の夜の夢のごとし。

　　ひとえに風の前の塵に同じ。

語り手1　『平家物語』巻の第七より「倶利伽羅峠の

語り手全員　合戦！」

効　果１　ほら貝の音
効　果２　　ほら貝の音
効　果３　　　ほら貝の音
語り手１　さる程《ほど》に、源平両方、陣をあわす。（ほら貝の音、次第に小さく）
語り手１２　陣のあわい、わづかに三町ばかりに寄せあわせたり。
　源氏１　源氏もすすまず、
　平家１　平家もすすまず。
源氏２３　勢兵《せいびょう》十五騎《き》、楯《たて》の面《おもて》にすすませて、十五騎が上矢《うわや》の鏑《かぶら》を平家の陣へぞ射入《いい》れたる。
平家２３　平家またはかり事とも知らず、十五騎を出《いだ》いて十五の鏑を射返《いかえ》す。
源氏４５６　源氏、三十騎《さんじっき》を出《いだ》いて射さすれば、
平家４５６　平家、三十騎を出いて、三十の鏑を射かえす。
源氏１２３４　五十騎《ごじっき》を出せば
平家１２３４　五十騎を出しあわせ、
　源氏全員　百騎を出せば
　平家全員　百騎を出しあわせ、
源平共全員　両方、百騎づつ、陣の面《おもて》にすすんだり。
源氏１平家１　互いに勝負をせんとはやりけれども、

源氏2　源氏の方《かた》より制して勝負をさせず。

源氏3 4　源氏はか様《よう》にして日をくらし、
平家の大勢《おおぜい》を倶利伽羅が谷へ追いおとそうどたばかりけるを、

平家2　平家、すこしもさとらずして、共にあいしらい、日をくらすこそはかなけれ。

平家全員　はかなけれ。

源氏5　次第にくろうなりければ、北南《きたみなみ》よりまわっつる搦手《からめて》の勢《せい》、
一万余騎、倶利伽羅の堂の辺《へん》にまわりあい、
えびらの方立《ほうだて》打ちたたき、

源氏5 6 1

源氏全員　時をどっとぞつくりける。

平家3　平家うしろをかえり見ければ、

平家3 4　白旗《しらはた》、雲のごとくさしあげたり。

平家5　「この山は四方巌石《がんせき》であんなれば、搦手、よもやまわらじと思いつるに、

平家6　こはいかに

平家全員　§こはいかに、こはいかに、こはいかに」

平家6　とて、さわぎあえり。

源氏5　さる程に、木曾殿、大手よりときの声をぞあわせ給《たも》う。
源氏6　松長《まつなが》の柳原《やなぎはら》、ぐみの木林《きばやし》に一万余騎ひかえたりける勢《せい》も、
源氏6 1 2　今井四郎が六千余騎で日宮林《ひのみやばやし》にありけるも、
源氏全員　同じく時をぞつくりける。
源氏1 2 3　前後、四《し》万騎がおめく声、
源氏全員　山も川も、ただ一度にくづるるとこそ聞こえけれ。

平家1　案のごとく、平家、次第にくろうはなる、前後より敵《かたき》はせめ来《きた》る。
平家2　「きたなしや、きたなしや、かえせ、かえせ」
平家3 4　「きたなしや、きたなしや」
平家5 6　「かえせ、かえせ、かえせ」
平家2　というやから多かりけれども、
平家1　大勢の傾きたちぬるは、にわかに取って返す事かたければ
倶利伽羅が谷へわれ先にとぞおとしける。
平家2　まっさきにすすんだる者が見えねば、この谷の底に道のあるにこそとて、
平家3　親おとせば
平家3 4　子もおとし、

平家5　兄おとせば
平家5 6　弟もつづく。
平家1　主《あるじ》おとせば
平家1 2　家子郎党《いえのころうとう》おとしけり。
平家3 4　親おとせば子もおとし、兄おとせば弟もつづく。
　　　　　　主おとせば家子郎党おとしけり。
平家5 6　　親おとせば子もおとし、兄おとせば弟もつづく。
　　　　　　　主おとせば家子郎党おとしけり。
平家1 2　　　親おとせば子もおとし、兄おとせば弟もつづく。
　　　　　　　　主おとせば家子郎党おとしけり。
平家3　馬には人、
平家3 4　ひとには馬、
平家3 4 5　落ちかさなり、
平家3 4 5 6　落ちかさなり、
平家1 2　馬には人、ひとには馬、落ちかさなり、落ちかさなり
平家3 4　ひとには馬、落ちかさなり、落ちかさなり、馬には人
平家5 6　落ちかさなり、落ちかさなり、馬には人、ひとには馬

平家１　さばかり深き谷一つを

平家全員　平家の勢《せい》、七万余騎でぞうめたりける。

語り手１　巌泉《がんせん》、血をながし、

語り手全員　死骸、岳《おか》をなせり。

語り手２　さればその谷のほとりには、矢の穴、

語り手２３　刀の疵《きず》、

語り手２３４　残って今にありとぞ承《うけたまわ》る。

語り手全員　巌泉血をながし、死骸岳《おか》をなせり。さればその谷のほとりには、矢の穴、刀の疵、残って今にありとぞ承る。

平家全員　平家の勢、七万余騎がなかより、

平家４５６　わずかに二千余騎ぞ、

平家５６　希有《けう》の命生きてのがれたりける。希有の命生きてのがれたりける。

平家６　希有の命生きて、のがれたりける。

拍子木　チョン！

解説〈2〉

集会・行事を盛り上げるさまざまな群読活動

◆日本群読教育の会事務局長
重水　健介

集会・行事に群読を取り入れる実践が増えている。わたしの学校でも、選択国語の授業のほか、文化祭や学年集会で群読した。本書に掲載されたそれぞれの実践から、群読を取り上げる意義と留意点を学んだ。

①大勢で取り組むことができる

山口聡先生は、合唱と群読を組み合わせて卒業する決意を表現している。代表者が個人や数人で決意発表する例は多いが、このように卒業生全員で（在校生全員で）発表することもできる。こんなとき、群読は有効である。つまり、少人数でも、大勢でもできる活動ということである。

②訴求力が強い

一人で発表するよりも、大勢で述べる方が、相手に対するインパクトが強い。本書では、日本群読教育の会全国大会の開会セレモニー群読を報告したが、このようにセレモニーのなかでの群読は効果的である。

児童（生徒）会行事や文化祭、授業参観などの各種行事にも群読は幅広く活用できる。

そのとき、訴えたい主要な言葉や会の趣旨や主張をコーラスやくり返しの技法で表現するといっそう強調することができる。

③活動前のウォーミングアップになる

活動のはじめに群読をする実践が増えている。声を出すことで体が暖まり、活動への意欲が増進されるからだろう。

「授業のはじめに、きょうの学習めあてをみんなで群読する」「朝の会でみんなで詩を読んでスタートする」というように応用できる。

④発表会をもつことで次への意欲づけになる

文化活動は、練習の過程にも楽しさがあるが、活動の成果をみんなに見てもらうことで、参加者の励みができ、活動に勢いができる。このことは、学級においても同様である。その時々に群読をするだけでなく、授業参観や集会、学校行事において発表の機会をつくりたいものである。

重水祐子先生は総合学習の、海上和子先生は公民館文化活動の、発表の様子を報告している。

長塚松美先生は国語の授業だけでなく、朝の会で取り組んだ群読の成果を発表する会の報告である。

教科と学級活動の二領域にわたる学習発表であり、総合的な学習の典型として参考になる。ねらい、手順、発表会の流れ、子ども同士の評価など、報告を参考にして、学級で群読大会を開いてみたい。

⑤ソロ・コーラスの意義

全員で群読をするのが難しい箇所は、希望者で分担してソロ（一人）で読むようにするとよい。

また、大切な語句やメッセージはコーラス（全員で読む）にすると強調され、訴えたいことが伝わりやすい。

⑥脚本の領域は多様

それぞれの実践にある脚本は、詩、唱歌《しょうが》、物語、古典である。この他にも、外国語、わらべうた、方言など、群読の脚本にできる領域がたくさんある。集会・行事で群読を取り上げる場合には、その主旨にあうような脚本を取り上げる。

⑦群読のさまざまな技法

本書に掲載された脚本には、漸増、漸減、追いかけ、異文平行読み、バック読み、重層など、さまざまな分読の技法が使われている。年齢や人数に応じて、練習の中で、これらの技法をていねいに学習し、豊かな読みの力、表現の力を育てていきたい。

なお、こうした技法は、『群読をつくる』（家本芳郎著・高文研）に詳述されているので、参考にしていただければ幸いである。

ここに掲載された実践を参考にして、全国各地の学校や地域で群読の声が響き渡ることを願っている。

（長崎県西海市立大瀬戸中学校教諭）

2．年に１回、全国的規模の研究集会を開いています。第１回集会を、2002年７月30日に東京にて開きました。以降毎年夏に、大分県湯布院、東京、富山市と続き、第８回は高知市で開催、そして第９回集会（2010年）は横浜市で開催する予定です。

3．出版活動もしています。『いつでもどこでも群読』『続・いつでもどこでも群読』（共に高文研）に続いて、随時、《群読実践シリーズ》を出版する予定でいます。

4．群読の脚本やその実践を研究資料として収集し、『会報』をとおして会員に紹介しています。

「日本群読教育の会」の活動について

日本群読教育の会は2002年７月30日、東京の全国研究集会で正式に発足しました。「群読の楽しさを学び合いましょう」を合い言葉に活動しています。

群読の意味や歴史的背景をふまえながら、日本語のもつ美しい言葉の響きをじっさいに声を出して読みながら、その技法を体験的に学んでいます。とても楽しい活動です。

また、いろいろな場所で実際に群読に取り組んだ活動を群読脚本の実践資料として収集しています。

「国語の授業に取り入れてみようかな」「学級会や朝の会など学級活動でやってみよう」

「演劇の中で群読ができそうだ」「入学式や卒業式などの学校行事に活用すると盛り上がるね」「地域の活動や職場の行事に取り入れるとさらに深く楽しい取り組みになりそうだな」

群読に関心を持つ方なら、だれでも気楽に参加できます。

「群読って何だろう」、群読とは初めて出会うという方、大歓迎です。さらに深く身につけたいという方もお待ちしています。ぜひ、日本群読教育の会にご入会ください。

入会をご希望のときは、その旨を事務局長または、知り合いの事務局員や常任委員にご連絡ください。詳しくは、日本群読教育の会のホームページ（http://gundoku.web.infoseek.co.jp/）をご覧ください。

みんなで楽しく活動しながら、群読の輪を大きく広げていきましょう。

本会は次のような活動をしています。

1．年に数回、全国各地で、群読を体験しながら楽しく学ぶワークショップを開いています。

日本群読教育の会
「声の文化」としての群読を研究し、実践する有志の会として発足。
年に一度の全国研究大会をはじめ、群読実技講座の開催や会員の実践記録集の出版、さらに会報を発行している。
ホームページ http://gundoku.web.infoseek.co.jp/

重水健介（しげみず・けんすけ）
1958年、長崎県に生まれる。現在、長崎県西海市立大瀬戸中学校教諭。担当教科は数学。全国生活指導研究協議会、日本群読教育の会の活動に参加し、日本群読教育の会では事務局長を務める。
編著書：『続・いつでもどこでも群読』（高文研）『小学校子どもが変わるどう対応する問題場面80事例』（ひまわり社）『すぐつかえる学級担任ハンドブック 中学校２年生』（たんぽぽ出版）など。

《群読》実践シリーズ **学級活動・行事を彩る群読**
●2006年８月15日――――――――第１刷発行
●2009年10月１日――――――――第３刷発行

企画・編集／日本群読教育の会＋重水健介

発　行　所／株式会社 高　文　研
東京都千代田区猿楽町２－１－８（〒101-0064）
☎03-3295-3415　振替口座／00160-6-18956
ホームページ　http://www.koubunken.co.jp

組版／Ｗｅｂ Ｄ（ウェブ・ディー）
印刷・製本／三省堂印刷株式会社

ISBN978-4-87498-370-6　C0037